vant la Séparation

DE LA LIBERTÉ D'ASSOCIATION

Sociétés

et

Personnes morales

*Critique de la Loi du 1er Juillet 1901
sur le Contrat d'Association*

PAR

Adolphe HOUDARD

GUILLAUMIN & Cie.

AVANT LA SÉPARATION

DE LA LIBERTÉ D'ASSOCIATION

Avant la Séparation

DE LA LIBERTÉ D'ASSOCIATION

Sociétés

et

Personnes morales

Critique de la Loi du 1er Juillet 1901
sur le Contrat d'Association

PAR

Adolphe HOUDARD

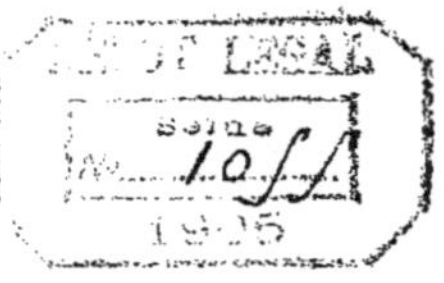

GUILLAUMIN & Cie.

TABLE DES MATIÈRES

DE LA LIBERTÉ D'ASSOCIATION

Parler de liberté, de liberté sans privilèges, comme sans restrictions pour personne, en dehors des restrictions applicables à tout le monde, est une tâche peu aisée, car la liberté est contraire à l'instinct naturel qui pousse les hommes à dominer leurs semblables et à leur imposer, même par les moyens les moins louables, leurs volontés et leurs opinions.

Pour parler de la liberté sans autre passion que l'amour qu'elle inspire, il y a deux écueils à éviter : la sympathie que nous avons pour nos propres idées et pour ceux qui les partagent, et l'antipathie que nous ressentons pour les idées contraires et pour ceux qui les soutiennent.

Le premier sentiment nous dispose, sous prétexte de liberté, à réclamer pour les partisans de nos idées de véritables privilèges : ainsi, voit-on les amis des congrégations chercher à leur faire maintenir le droit de se constituer en personnes morales, distinctes de la personnalité de leurs membres, en êtres fictifs, capables d'acquérir et de posséder des biens, droit qui n'appartient à aucun citoyen et qui, certes, n'est pas inhérent à l'exercice de la liberté.

Le deuxième sentiment nous incite à refuser aux partisans d'idées contraires aux nôtres la simple liberté de tout le monde : c'est ainsi qu'à l'heure actuelle, on en est venu à faire un crime aux religieux et religieuses de se réunir et de vivre en commun, ce qui est le droit de chacun cependant, et qu'on les poursuit et traque comme des malfaiteurs, alors qu'en se groupant suivant leurs goûts et leurs croyances, ils ne portent atteinte ni aux lois, ni aux bonnes mœurs, ni à l'ordre public.

La tentation est grande, en effet, quand on se croit en possession de la vérité, de ne pas souffrir que d'autres préconisent des opinions différentes, et surtout prétendent répandre et professer ces opinions, qu'ils tiennent, de leur côté, eux aussi, pour vraies.

La tentation est surtout presque irrésistible pour les gouvernants qui, par suite des circonstances, disposant de la puissance publique, se font généralement un scrupule de ne pas s'en servir, même en matière religieuse, pour la propagation des idées qu'ils croient justes ou pour la ruine des idées contraires.

La loi du 1ᵉʳ juillet 1901 sur les associations et congrégations, dite loi relative au contrat d'association, n'a pas échappé à ces influences opposées ; aussi présente-t-elle, à un examen attentif, de graves défauts.

Déjà, l'auteur responsable de cette loi, Waldeck-Rousseau, le 27 juin 1903, au Sénat, en mettait à nu, sans le vouloir, toute la faiblesse, alors qu'il croyait la défendre : « Je n'ai pas fait cette loi, disait-il avec amertume, pour qu'elle fût appliquée à la manière de mon successeur. » Comme si l'on faisait une loi pour l'appliquer soi-même. Les hommes passent, les lois subsistent ; et une loi qui comporte des applications diverses suivant les hommes au pouvoir est assurément une loi défectueuse.

M. Sébline le constatait dans la même séance : « Si cette loi ne peut pas être appliquée sans une série de lois de circonstances, je suis fondé à dire : ou cette loi a été mal faite ou elle a été mal appliquée. »

Quelle excuse à cette loi mal faite ? C'est la nécessité reconnue par tous les esprits clairvoyants, dans toutes les fractions du parti républicain, de mettre un terme immédiat à l'envahissement de la société civile par les congrégations religieuses, nécessité qui a conduit beaucoup de ceux qui n'approuvaient pas la loi à la voter quand même, parce qu'il était urgent d'opposer une barrière à leurs entreprises et qu'à ce moment-là, le projet du gouvernement était le seul susceptible d'être adopté, en raison de la grande autorité qui s'attachait au nom de son chef.

Quand le feu est à la maison, il faut le combattre avec énergie et rapidité ; ce n'est guère le moment de discuter sur la valeur des moyens. La loi de 1901, mauvaise en elle-même, a été excellente sous ce rapport, et d'autant meilleure qu'elle a trouvé dans M. Combes un homme capable de l'appliquer avec suite et décision, en lui donnant des précisions absentes, mais nécessaires, et, si l'on tient compte des doctrines courantes depuis plusieurs siècles en cette matière, sans manquer, quoi qu'on ait écrit et dit, à la modération, autant toutefois que le rendait possible l'attitude hostile des congrégations renforcée par les concours et les intrigues des ennemis de la République. A ce point de vue Waldeck-Rousseau a rendu un très grand service à notre pays, quelles que soient les faiblesses de sa loi, quelles que soient les appréciations auxquelles il s'est livré lui-même ultérieurement sur son œuvre personnelle et sur les actes de son successeur.

La suppression des congrégations poursuivie en ce moment et presque achevée, a quelque analogie avec celle dont furent naguère l'objet les corporations ouvrières. Moins complète toutefois, elle aura vraisemblablement le même lendemain. Depuis l'abolition des corporations, on s'est aperçu un peu tard, il est vrai, qu'il ne suffisait pas de détruire, qu'il fallait organiser ; de cette constatation sont nés les syndicats professionnels. On reviendra certainement, et peut-être prochainement, sur la question des congrégations, quand le danger qu'elles offraient avec le système ancien aura disparu ; car on prendra conscience que nul n'a le droit d'empêcher ses semblables de vivre à leur guise, seuls ou en communautés, si, comme les autres citoyens, ils respectent les lois du pays et ne font rien de contraire à l'ordre public et aux bonnes mœurs. On sera donc amené à créer une législation nouvelle qui rétablira la liberté à cet égard.

L'œuvre de destruction des congrégations religieuses n'aura pas été inutile, malgré ses violences et ses exagérations regrettables, car elle aura préparé ceux qui en auront souffert à se rallier à cette nouvelle législation qui, proposée d'emblée, n'aurait probablement jamais été admise par eux.

Il ne faut pas se dissimuler, en effet, que ce n'est pas à un régime de liberté qu'aspirent les congréganistes, mais à un régime de privilèges et d'exceptions ; ils entendent bénéficier de droits plus étendus que les autres citoyens, c'est pourquoi le régime de la liberté, avec les garanties nécessaires pour que celle-ci ne tourne pas en licence dangereuse pour le reste de la société, ne leur plaît pas. Mais, après une période critique, appréciée par eux comme une époque de persécution, ils arriveront à considérer comme un moindre mal et à accepter comme tel, ce que tous les citoyens regardent comme le bien et le juste, un régime général de liberté et d'égalité pour tous.

Nous voudrions donc profiter des circonstances actuelles où la loi de 1901 a reçu presque entièrement son application, avec toute l'ampleur que lui ont donnée le refus d'autoriser aucune congrégation et la suppression de l'enseignement congréganiste, où la séparation des Eglises et de l'Etat est à la veille d'être discutée, nous voudrions profiter de ces circonstances pour préciser en quoi la loi de 1901 est défectueuse et indiquer ce qu'elle aurait dû être, afin de contribuer à la révision, que nous souhaitons prochaine, de toute cette législation de combat.

Il ne paraît pas douteux, en effet, que sous la pression de l'opinion, la majorité républicaine dans les Chambres, une fois le danger des congrégations conjuré, s'apercevra que ces lois d'exception ne sauraient être maintenues comme le régime légal et définitif d'un grand pays sous le gouvernement de la République, dont la seule raison d'être est d'assurer la liberté à tous les citoyens sans distinction d'opinions ou de croyances.

I

De la Liberté d'Association

Association et Sociétés.

Quel était le problème ?

Fonder le droit en matière d'association.

Mais qu'est-ce que la liberté d'association ?

Déjà en 1883, dans un très intéressant discours prononcé au Sénat, le 6 mars, à l'occasion de la proposition de loi Dufaure sur ce sujet, Waldeck-Rousseau disait justement : « Quand on parle de liberté d'association, il me semble qu'on emploie des mots qui diminuent, en quelque sorte, le droit dont on traite. L'association ne m'apparaît pas comme une concession de l'ordre politique, elle m'apparaît comme l'exercice naturel, primordial, libre, de l'activité humaine. »

L'on peut certes se contenter de cette définition : La liberté d'association est simplement une des formes de la liberté individuelle, elle rentre dans l'exercice naturel, primordial de l'activité humaine.

Or, cette liberté de faire, en se concertant avec d'autres, ce que chaque individu a le droit de faire personnellement, ne peut évidemment souffrir de restrictions d'aucune sorte ; comme la liberté individuelle dont elle ne diffère pas, la liberté d'association doit être entière aussi bien sur le terrain politique, économique, social, artistique, scientifique ou littéraire, que sur le terrain religieux ; et, s'il y avait lieu d'étendre la liberté, loin qu'il puisse être question de la restreindre, ce serait certainement en matière religieuse, parce qu'il s'agit de choses qui relèvent de la conscience.

La liberté d'association, forme de la liberté individuelle, s'exerçant à propos d'intérêts, d'idées, de connaissances, de goûts et de croyances communes, ne saurait rencontrer d'autres limites, d'autres restrictions, que les limites, les restrictions générales qui sont posées à l'exercice de la liberté individuelle même, savoir l'ordre public, les lois et les bonnes mœurs, et, ce qui rentre dans l'ordre public, le respect de la liberté d'autrui.

Suivant cette conception qui, aujourd'hui, semble bien admise par tout le monde, quelle devait donc être la partie essentielle d'une loi sur le droit d'association ? C'était tout d'abord et simplement, presque uniquement, de proclamer pour les individus la liberté complète de s'associer, quel que soit l'objet de l'association.

A l'abri de cette consécration légale de la liberté d'association, toute société aurait pu désormais se créer, comme il convient, avec sa loi propre, c'est-à-dire au moyen d'un contrat d'association entre ses membres, contrat formant sa constitution.

Examinons comment le législateur de 1901 a rempli cette première partie du programme.

L'article 1ᵉʳ de la loi de 1901 définit d'abord l'association :

« L'association est la convention par laquelle deux ou plusieurs personnes mettent en commun d'une façon permanente leurs connaissances ou leur activité dans un but autre que de partager des bénéfices. »

Et il ajoute :

« Elle est régie, quant à sa validité, par les principes généraux du droit applicables aux contrats et obligations. »

Cet article classe l'association dans notre législation parmi les contrats et la soumet aux règles générales applicables aux contrats.

C'est là assurément une nouveauté considérable, grosse de conséquences, que Waldeck-Rousseau a mises en lumière dans son discours à la Chambre des députés du 21 janvier 1901 :

« Si l'association est un contrat ordinaire, dit-il, semblable à tous les autres, la loi existe déjà virtuellement, elle n'est plus à faire ; on pourrait soutenir qu'elle est faite.

« Elle est faite sur un premier point et non pas le moindre. C'est un des principes du droit commun les plus certains qu'il suffit, pour qu'une convention se forme valablement, qu'elle ait un objet licite et qu'elle ne saurait se former, si elle a en vue un objet illicite.

Et encore : « Aucune convention ne peut se former si elle blesse une règle de l'ordre public. »

C'est ce qu'on a tenu à formuler d'une manière expresse dans l'article 3.

Les articles 1 et 3 de la loi nous paraissent donc, sous ce rapport, tout à fait satisfaisants, car ils ont réalisé ce point essentiel de faire entrer dans notre droit, par une définition appropriée, l'association reconnue désormais comme un contrat et soumise aux règles générales des contrats.

Mais si l'article 1er a l'avantage de définir l'association un contrat, par contre, il présente un défaut sérieux en ce qu'il limite le terme association à la convention entre personnes qui mettent en commun leur activité *dans un but autre que de partager des bénéfices*. Il semblerait, en effet, permis d'en induire que l'association faite dans un but intéressé n'est plus une association, une convention, un contrat. Il y a là une évidente anomalie qu'il eût été facile d'éviter en révisant, à l'occasion d'une matière juridique aussi nouvelle, le vocabulaire usuel encore mal fixé.

Waldeck-Rousseau, trop timide sur ce point, a cru devoir conserver ce vocabulaire qui ne répondait plus aux exigences de l'œuvre entreprise.

Plusieurs fois, il eut l'occasion de s'expliquer à ce sujet, et, sans chercher au delà, il s'est surtout employé à fortifier, pour ainsi dire, dans leur acception courante, étroitement juridique, les mots association et société.

Déjà, dans le discours du 6 mars 1883, cette acception avait été, par lui, assez clairement indiquée. Il s'exprimait ainsi :

« Deux ou plusieurs hommes ayant de la fortune, ayant des capitaux, les mettent en commun : notre législation appelle cela une société. N'ayant pas de capitaux, ils mettent en commun leur activité, leurs facultés, leur initiative, leurs connais-sances : c'est encore une convention, et cette convention, on l'appelle plus particulièrement une association. »

Au cours de la discussion de la loi de 1901, Waldeck-Rousseau est revenu spécialement sur la définition de l'association.

Dans la séance du 21 janvier, il disait : « Une association s'est formée : elle cesse d'être une association pure et simple si elle ne se borne pas à mettre en commun des facultés, des intelligences, dans un but autre que d'obtenir des bénéfices. Il peut arriver — rien ne sera plus permis — que ce but abstrait n'apparaisse pas comme suffisant, que, même pour parvenir plus sûrement à l'atteindre, on juge utile de faire quelque chose de plus : les associés apporteront des biens, les mettront en commun.

« Dans ce cas, quel fait va se produire ? A côté de l'association se juxtapose une seconde convention ; cette seconde convention sera une société de biens, si on les met en commun en vue de partager les bénéfices ; ce sera une communauté de biens pure et simple, si l'on ne convient pas de partager les bénéfices. »

Et dans la séance du 31 janvier, Waldeck-Rousseau s'étendait encore davantage sur ce point : « Il y a un intérêt énorme, déclarait-il, et ce n'est pas l'une des moindres difficultés en cette matière, à donner de l'association une définition qui ne permette pas de la confondre avec la société ; car si on a toujours provoqué quelque émotion quand on a parlé de l'association, cette émotion est née beaucoup moins du fait de l'association elle-même que d'une autre considération qu'on a sans cesse fait valoir.

« On a dit : « Qu'une personne possède peu ou beaucoup, qu'importe ! Ses biens sont soumis à une circulation incessante, elle les aliène, elle en achète d'autres ; vient-elle à mourir ? son patrimoine est soumis à cette loi de renouvellement qui est la résultante même de l'organisation des partages. » Mais plusieurs personnes vont s'assembler, se réunir, former une entité ; elles vont apporter et mettre en commun des biens ou recevoir de l'extérieur, des particuliers, des communes ou d'autres personnes morales, des libéralités ; ne voyez-vous pas que ces biens vont former un patrimoine qui demeurera immobilisé, perpétué tout au moins dans la main de cet être qui n'est pas périssable comme les êtres physiques et qui est l'association ? Et c'est pourquoi on a toujours montré que le danger qui naît des associations se caractérise par le péril de l'accumulation des biens et de leur immobilisation.

« Si j'ai jugé qu'une définition de l'association est nécessaire, c'est dans le but précisément de ne pas permettre qu'on confonde l'association avec la société : j'ai voulu dire où commence l'association et où elle finit, et comme ce qui est le plus voisin de l'association est incontestablement la société, je me suis demandé non pas quelles étaient toutes les caractéristiques que la jurisprudence peut réunir et accumuler pour définir une société, mais le caractère essentiel, indispensable, sans lequel il n'y a pas de société de biens.

« Quel est ce caractère indispensable ? Il est indiqué par l'article 1832 : il faut qu'il y ait mise en commun de biens, de valeurs quelconques, même morales, mais il faut que cette mise en commun constitue une société faite dans le but de partager les bénéfices de l'association ainsi formée.

« Le partage des bénéfices est donc la raison sans laquelle on ne conçoit pas une société de biens, et c'est pourquoi nous trouvons dans la définition de l'article 1er donnée par la loi que l'association, par opposition à la société, résulte de la convention par laquelle plusieurs personnes mettent en commun leurs facultés, leur intelligence et leur activité dans un but autre que de partager des bénéfices. »

Ainsi, pour l'auteur de la loi de 1901, la définition de l'association consiste essentiellement dans la mise en relief de ce qui la distingue de la société, et ce qui, d'après lui, la distingue, c'est qu'elle est faite dans un but autre que de partager des bénéfices, tandis que la société est faite en vue de partager des bénéfices (art. 1832).

Tout en admirant l'habileté de l'argumentation de l'ancien Président du Conseil, on ne peut nier qu'à vouloir opposer association et société, comme deux contrats qui se distinguent par le caractère que l'on vient de dire, il s'est attaché à une entreprise irréalisable, parce que association et société ne sont pas deux choses de même nature, simplement séparées par un caractère particulier, mais qu'elles sont deux choses de natures différentes, reliées entre elle, et non exclusives l'une de l'autre, et reliées, pourrait-oñ dire, comme la cause à l'effet. Aussi, malgré tout le talent dépensé à établir l'opposition, Waldeck-Rousseau n'a pu s'empêcher lui-même, au cours de son argumentation de les confondre l'une avec l'autre, de les prendre l'une pour l'autre. C'est ainsi que, dans l'avant-dernier alinéa, il dit : « Il faut que cette mise en commun (des biens) constitue *une société* faite dans le but de partager les bénéfices *de l'association ainsi formée.* »

En juriste rigoureux, trop respectueux des textes, Waldeck-Rousseau n'a pas songé à toucher à la rédaction de l'art. 1832 du Code civil, qui répondait assez bien à l'état social de l'époque où elle avait été arrêtée, à un état social, qui ne souffrait guère d'autres sociétés que celles dont le but était intéressé et qui proscrivait ou seulement tolérait toutes autres. Mais cette rédaction exigeait certainement une révision pour être mise en harmonie avec une législation générale du droit d'association, destinée à inaugurer un régime de véritable liberté.

Antérieurement, l'autorité publique disait aux citoyens : « Vous pouvez vous associer, tant que vous voudrez, pour faire valoir vos biens, et vous trouverez pour cela des règles dans la loi ; mais je tiens en suspicion toutes les associations que vous ferez ou tenterez de faire dans un autre but, et j'interdis même toute réunion de plus de vingt personnes. » L'article 1832, en limitant le mot société aux associations faites en vue de partager des bénéfices, signifiait très clairement qu'au point de vue légal, il ne peut pas se fonder de sociétés ayant un but différent. Or, la législation nouvelle sur le droit d'association était évidemment une réaction contre une pareille conception ; elle entendait reconnaître le droit d'association en toutes matières ; par conséquent, la rédaction de l'article 1832 n'était plus en harmonie avec ce que la loi nouvelle voulait faire ; il fallait la changer.

D'autre part, ce que Waldeck-Rousseau regardait comme la marque distinctive entre les associations et les sociétés, savoir le but de partager des bénéfices ou l'absence de ce but, est simplement le caractère d'après lequel on est en droit de diviser les sociétés en deux catégories, celles qui ont un but intéressé ou, plus explicitement, dont les intérêts ne sont pas différents de ceux des sociétaires, et celles qui ont un but désintéressé ou, plus explicitement, dont les intérêts sont indépendants de ceux des sociétaires, distinction sur laquelle nous aurons bientôt l'occasion de revenir.

Si la définition de l'association donnée par l'article 1er de la loi réalisait un progrès en faisant rentrer l'association dans la classe des contrats, elle était assurément défectueuse en ce qu'elle limitait l'association au contrat fait entre personnes dans un but autre que de partager des bénéfices. Bonne ou mauvaise, toutefois, cette définition valait mieux que l'absence de définition juridique qui caractérisait le régime antérieur. Mais que dire du reste de la loi qui, après avoir posé cette définition, la laisse immédiatement de côté ?

On peut affirmer, en effet, qu'en dehors de l'article 3 qui emploie le terme association dans le sens déterminé par l'article 1er, ce terme est utilisé dans tous les autres articles sous une acception différente, celle de société, c'est-à-dire d'organisation résultant du contrat d'association ; c'est là une très grave négligence qui surprend de la part d'un homme aussi qualifié que l'était Waldeck-Rousseau pour savoir de quelle importance est la précision des termes en matière de droit et combien il est nécessaire de ne s'en servir que dans leur sens étroit.

C'est ainsi que nous lisons à l'article 2 : « Les associations de personnes pouvant se former librement... » L'association étant une convention, il faudrait conformément à la règle connue d'après laquelle la définition doit être substituable au terme défini, pouvoir lire : « Les conventions de personnes, etc... », ce qui ne signifie rien. Le mot association est évidemment pris ici pour celui de société au sens général du mot.

Voici maintenant l'article 4 : « Tout membre d'une association, etc. », ici encore, c'est société qu'il faut lire et non pas convention.

De même pour l'article 5 : « Toute association qui voudra

obtenir la capacité juridique, etc. », une convention, un contrat, ne saurait obtenir de capacité juridique.

Et au même article, il est dit : « Les associations sont tenues de faire connaître... » Il faut lire encore sociétés et non conventions.

Ces exemples suffisent à montrer combien le législateur s'est peu soucié de demeurer fidèle à sa propre définition.

Au surplus, s'il s'est servi du mot association dans le sens de société, encore ne l'a-t-il fait que dans un sens restreint, celui de société de personnes par opposition à société de biens, limitée par l'article 1832 du Code, locutions fort impropres. Il ne peut exister, en effet, que des sociétés de personnes. Les biens sont susceptibles d'être mis en commun dans un but déterminé par des personnes associées, groupées en sociétés, mais ils ne peuvent constituer des sociétés. Encore une fois on ne saurait concevoir de sociétés formées autrement qu'entre personnes réunies dans un but commun, intéressé, s'il s'agit de faire fructifier des biens, ou désintéressé, s'il s'agit de consacrer des biens à une œuvre d'une utilité plus ou moins générale.

Pour nous, et nous espérons faire bientôt partager notre opinion, nous croyons que l'association est la convention par laquelle deux ou plusieurs personnes s'entendent en vue d'atteindre un but commun, quel que soit ce but, et que de cette convention, il résulte ce qu'on appelle une société, c'est-à-dire un groupement d'individus liés entre eux par ladite convention ; qu'une société poursuit son but, suivant sa convention, suivant son contrat d'association, sans biens ou plus fréquemment avec des biens, dont le régime doit être fixé par les statuts, par les termes du contrat d'association, par la jurisprudence ou par la loi. Nous croyons qu'on a tort de distinguer des associations ou sociétés de personnes, et des sociétés qui ne seraient que des sociétés de biens ; qu'il ne peut, en effet, exister d'associations ou de sociétés qu'entre personnes réunies à l'occasion d'un but commun à atteindre, intéressé s'il s'agit de faire fructifier des biens, ou désintéressé s'il s'agit d'entreprises intellectuelles, artistiques, morales, sociales ou religieuses, lesquelles, presque toujours, exigent aussi, pour être poursuivies, l'emploi de capitaux.

En dehors de cette conception qui voit dans l'association un contrat, et dans la société le résultat de ce contrat, un groupement d'individus effectué dans un but commun, on ne peut, à notre avis, que tomber dans les plus regrettables confusions.

Une bonne loi sur la liberté d'association aurait dû fixer les termes, association et société, strictement. Elle aurait dû, en outre, dégager cette règle fondamentale qu'il n'existe que des sociétés de personnes.

La loi de 1901 a certainement failli à cette tâche : et ce n'est par le seul reproche qu'on puisse lui adresser.

II

Du régime des biens dont disposent les Sociétés

Après avoir défini l'association et la société, une loi sur la liberté d'association avait un second point à régler qui n'est pas le moindre, celui qui concerne la condition des biens dont disposent la plupart des sociétés. C'est, en effet, l'une des grosses préoccupations du législateur que le droit de propriété susceptible d'être exercé par les sociétés, organisations dont l'existence peut être indéfinie et dont la fortune, si on leur reconnaît le droit de posséder, peut s'accroître sans interruption au point d'absorber et d'immobiliser tout ou partie de la richesse d'un pays sous la forme de biens de main-morte.

La loi du 1ᵉʳ juillet 1901 a fait une large place à cette matière; nous verrons ultérieureemnt les dispositions qu'elle a adoptées. Pour le moment, cherchons à dégager les principes trop ignorés qui devraient dominer l'étude de cette question.

On peut dire que toute société prétend être propriétaire des biens dont elle dispose, qu'elle aspire à constituer une personne morale, jouissant d'une vie propre, distincte de celle des associés, capable de se perpétuer indéfiniment, et qu'elle cherche, soit conviction, soit calcul, à faire croire qu'elle jouit réellement de la personnalité civile, dont elle poursuit souvent la reconnaissance officielle par l'autorité publique. De ces ambitions intéressées, mal définies, mollement combattues, sont nés des problèmes d'une extrême gravité.

Il n'existe guère, en effet, de société, quel que soit son but, qui n'ait besoin pour l'atteindre d'employer des capitaux modestes ou considérables. Les unes se bornent à recueillir des cotisations qu'elles utilisent en frais de réunion et d'impression, d'autres constituent des réserves, d'autres voyant leurs moyens s'accroître construisent ou achètent des immeubles pour y placer leur siège social ; d'autres emploient leurs fonds à créer des hôpitaux, des maisons de refuge, des orphelinats, des écoles, des Universités, des églises, des chapelles, des couvents ; d'autres encore s'engagent dans des opérations commerciales, industrielles ou financières, se livrent à la spéculation et font des gains ou des pertes.

La question se pose donc de déterminer d'une manière précise les rapports des sociétés et des biens, en un mot, de fixer le régime des biens.

La loi de 1867 a déjà donné des solutions pour les sociétés commerciales, industrielles et financières ; le Code civil, dans le titre IX du Livre III, traite des sociétés qui ont pour but le partage des bénéfices ; mais ces textes ne constituent qu'une législation partielle. Ce qui manque en cette matière du droit d'association, c'est une œuvre juridique générale, coordonnée, fondée sur des principes directeurs, jamais élucidés, concernant le droit de propriété, la nature des sociétés et celle des personnes morales.

Parmi ces principes ignorés, se place au premier rang celui-ci : c'est qu'il n'y a pas de propriété sans propriétaire, et *qu'il n'y a vraiment pas de propriétaires en dehors des personnes physiques, en chair et en os, que sont les individus isolés ou groupés.* De sorte que si, pour une raison de commodité, on considère certaines entités, telles les personnes morales, comme propriétaires, il n'en faut pas pour cela perdre de vue, qu'en réalité, sous les entités se trouvent et se dissimulent des êtres physiques, parfaitement vivants, qui sont les vrais propriétaires, attendu qu'ils usent et disposent des biens, directement ou par représentants, à leur guise, suivant leurs intérêts et leurs passions, souvent sans contrôle et surtout sans consulter les entités au nom de qui ils parlent et décident, pour ce motif excellent que les entités étant des fictions n'existent pas et sont dès lors incapables de manifester une volonté.

Ce principe qui n'est pas contestable a été, cependant, jusqu'à présent, tout à fait méconnu, et c'est à la faveur de l'obs-

curité qui n'a cessé de planer sur ce point que se sont pro-
pagés les plus grands abus.

L'abus le plus notoire est certainement l'enrichissement d'un
grand nombre de congrégations religieuses, enrichissement
considérable de quelques-unes, par toutes sortes de procédés
licites ou illicites, louables ou blâmables, tels que spéculations
financières, détournements de successions, donations et legs
obtenus à l'aide d'une pression morale exorbitante, mendicité,
affaires industrielles et commerciales, promesses faites au nom
de différents saints dont les religieux tiennent la caisse. Grâce
à tous ces moyens profanes qui, sans aucun doute, auraient
la réprobation du fondateur du christianisme, et sous la protection de la personnalité morale qu'ils attribuent à leurs institutions, les religieux sont parvenus à réaliser cette mystifica-
tion des congréganistes pauvres formant des congrégations
riches ; comme si les congrégations étaient autre chose que
les congréganistes eux-mêmes, libres, il est vrai, de pratiquer
individuellement la pauvreté, c'est-à-dire de n'appliquer à la
satisfaction de leurs besoins que des ressources minimes, mais
restant maîtres de disposer de leur fortune en faveur des idées
qui leur sont chères et de s'en servir notamment à dominer les
consciences et à se rendre maîtres de la société civile.

La manière de faire des religieux sous ce rapport ne diffère
pas sensiblement de celle de certains capitalistes, banquiers
et hommes d'affaires, qui, menant pour leur compte personnel
une existence modeste, même médiocre, ne laissent pas néanmoins, poussés par l'amour de l'argent et de la force que confère l'argent, d'en gagner et d'en attirer à eux le plus possible
et de devenir ainsi une puissance dans l'Etat.

Il n'est pas plus juste de soutenir des congréganistes que
de ces capitalistes, disposant de ressources considérables,
qu'ils sont pauvres parce qu'ils dépensent peu pour eux-
mêmes ; puisque les uns et les autres ont le pouvoir d'appliquer leurs ressources à toutes autres affectations que la nour-
riture, le vêtement et l'habitation, ce sont eux-mêmes qui sont
riches et non pas des entités inexistantes qui servent seulement
à faire illusion.

Par ces considérations se trouve posé dans toute son acuité
le problème du régime des biens dans les sociétés.

Voyons donc quelles sont les relations de droit susceptibles
de s'établir entre les biens et les membres des sociétés ou les
sociétés elles-mêmes, et à qui doit être rapportée la propriété
des biens que les sociétés ou leurs représentants gèrent, admi-
nistrent.

On ne saurait trop rappeler ce qui a été exposé au début et
sur quoi tout le monde semble d'accord, c'est que le droit
d'association, dont l'exercice engendre les sociétés, n'est qu'une
des formes de la liberté individuelle. Par conséquent, on peut
déjà affirmer qu'entre les biens et les sociétés, il ne saurait
exister d'autres liens de droit que ceux qui sont susceptibles
de se former entre les biens et les individus eux-mêmes qui
composent les sociétés, celles-ci n'ayant, encore une fois, aucune existence réelle en dehors des individus qui s'y rencontrent groupés sous la loi d'un contrat.

Or, il existe deux sortes de sociétés : dans les unes on
trouve des personnes qui, suivant le texte de l'article 1832 du
Code civil, « mettent quelque chose en commun dans la vue
de partager le bénéfice qui pourra en résulter » ; dans les
autres, on trouve des personnes qui, suivant la définition de
Waldeck-Rousseau, « mettent quelque chose en commun
dans un but autre que de partager des bénéfices », définition
que nous avons jugée insuffisante, parce que ce n'est pas préciser l'objet de ces sociétés que de proclamer que leur but
n'est pas le même que celui des premières.

Au fond, il y a deux sortes de sociétés qui se distinguent
entre elles en ce que les premières ont un but intéressé et les
secondes un but désintéressé ou, plus explicitement, on est
amené à distinguer entre les sociétés suivant leur but, qui est
d'intérêt privé ou d'intérêt public.

Les sociétés qui ont un but d'intérêt privé sont notamment
les sociétés immobilières, commerciales, industrielles et financières. Leurs biens sont évidemment la propriété des associés
dans les proportions et sous les conditions déterminées par
les statuts, par le contrat d'association. Toutefois, grâce à
une fiction, on prétend que, lorsqu'une telle société remplit

certaines formalités, elle devient une personne morale : que c'est elle qui est propriétaire des biens et non pas les associés. En réalité, c'est là un simple artifice qui permet aux associés d'exercer leurs droits, d'agir, de contracter, d'acquérir, de vendre et de profiter des bénéfices, comme de supporter les pertes, en faisant toutes ces choses collectivement sous un nom unique, la raison sociale.

Mais, à dire vrai, les sociétés d'intérêt privé ne constituent pas réellement des personnes morales ; elles jouissent, sous certaines conditions, de ce qu'on appelle la personnalité juridique, ce qui n'est pas du tout la même chose. La personnalité juridique, en effet, est acquise aux individus réunis en sociétés par leur contrat d'association et seulement dans les limites des avantages et des responsabilités que comporte ce contrat ; mais cela ne crée pas une personne morale, c'est-à-dire un être à intérêts distincts, indépendants de ceux des associés. Dans ces sociétés les intérêts des sociétés sont ceux des sociétaires et ne peuvent pas en être séparés.

Les sociétés qui ont un but d'intérêt public sont celles qui sont fondées entre personnes animées par un même sentiment, celui de rendre service à leurs semblables ; elles créent des œuvres d'une utilité générale, comme les institutions scientifiques, artistiques, littéraires, de bienfaisance, d'assistance, d'instruction et d'éducation, ou des établissements comme les hospices, les orphelinats, les ouvroirs, les maisons de refuge, les marchés, les écoles, les églises, etc.

A qui appartiennent les biens recueillis pour réaliser ces entreprises très diverses, mais ayant toutes ce caractère commun que l'objet poursuivi présente un intérêt général, distinct de l'intérêt des sociétaires ?

Nous touchons ici au point le plus délicat du problème.

La solution, toutefois, ne saurait faire de doute. Du moment qu'il s'agit d'œuvres dont le public est le bénéficiaire, c'est au public lui-même que vont les biens apportés à ces œuvres par les premiers fondateurs et par ceux qui imitent ultérieurement leur exemple. Les biens sous quelque forme qu'ils se présentent tombent dans le patrimoine du public avec leur affectation spéciale, sous les conditions et les réserves que peuvent faire les donateurs. En un mot, *les biens que gèrent des sociétés pour-suivant un but d'intérêt public, ne sont pas la propriété des sociétés, mais celle du public et, par suite d'une fiction, celle des œuvres créées.* Ils ne sont pas, disons-nous, la propriété des sociétés qui ont fondé les œuvres, pas plus qu'ils ne se-raient la propriété d'individus isolés qui les auraient entre-prises. On n'admettrait pas, en effet, qu'un individu ait le droit de disposer à sa guise, comme propriétaire, d'établissements fondés dans un intérêt public et des biens qui y sont rattachés; aucune société ne saurait, dans ce cas, jouir de plus de droits que des individus.

Il en est des entreprises d'utilité générale fondées par des sociétés, comme des mêmes entreprises fondées par de sim-ples particuliers, et *ce n'est pas parce que plusieurs per-sonnes s'associent pour réaliser une œuvre qu'une seule peut faire, si elle en a les moyens, que l'opération change de na-ture, et que les règles auxquelles elle peut être soumise, doi-vent être différentes.*

Si les biens donnés ou recueillis en faveur d'œuvres d'uti-lité générale tombent dans le patrimoine du public, on peut se demander ce que deviennent la situation et les droits des personnes isolées ou associées qui en ont pris l'initiative, en un mot, des fondateurs. Il est certain, en effet, que toute ini-tiative serait arrêtée dans cet ordre d'idées si les promoteurs étaient exposés à se voir privés de tout droit sur leurs entre-prises.

La solution du problème nous est fournie par le droit civil qui devrait être complété sur ce point. Il paraît évident qu'en-tre le ou les fondateurs d'œuvres d'utilité générale et le public, représenté par l'Etat, appelé à en bénéficier, il se forme un quasi contrat, conformément aux articles 1370 et suivants du Code civil.

L'article 1370 prescrit : « Certains engagements se forment sans qu'il intervienne aucune convention, ni de la part de celui qui s'oblige, ni de la part de celui envers lequel il est obligé. — Les uns résultent de l'autorité seule de la loi ; les autres naissent d'un fait personnel à celui qui se trouve obli-gé... — Les engagements qui naissent d'un fait personnel à

celui qui se trouve obligé, résultent ou des quasi-contrats,
ou des délits ou quasi-délits. »

L'article 1371 expose : « Les quasi-contrats sont les faits
purement volontaires de l'homme dont il résulte un engagement quelconque envers un tiers, et quelquefois un engagement réciproque des deux parties. »

Ces dispositions sont assurément applicables dans notre
cas. Il y a, dans la création d'une œuvre d'utilité générale,
un fait purement volontaire de l'homme, isolé ou associé, dont
il résulte un engagement envers un tiers, le public, représenté
par l'Etat, et même un engagement réciproque des deux parties. Il serait aisé de préciser les points essentiels de cet engagement, les droits et les obligations qu'il implique de part
et d'autre. C'est, pour les créateurs d'œuvres, l'obligation
d'observer les règles générales ou spéciales posées par les
lois et règlements à leur constitution et à l'administration de
leurs biens, et aussi le droit d'en conserver et d'en transmettre
la direction à quiconque, puisqu'ils en ont la paternité, sans
que cette direction puisse leur être enlevée tant qu'il n'y a
pas contravention ou tant que les œuvres ne périclitent pas,
ce qui serait susceptible d'entraîner une déchéance et même
la liquidation des institutions. C'est, pour l'Etat, le droit
de surveiller et de contrôler les œuvres, de les dissoudre dans
certains cas déterminés, d'en assurer la liquidation ; c'est
aussi l'obligation de respecter la direction des créateurs d'œuvres, tant qu'ils remplissent leurs engagements et obser-
vent les lois de la matière, comme les statuts particuliers à
chaque œuvre.

En résumé, la condition des biens dont disposent les sociétés ne saurait différer de celle des biens dont disposent les
individus. Toute la question se résume dans une attribution
de propriété. Les biens appartiennent aux individus et aux
sociétés, s'ils sont détenus et employés dans un but d'intérêt
privé, et, au contraire, ils appartiennent au public, figuré par
des personnes morales, s'ils sont détenus et employés dans un
but d'intérêt général, sans que cette attribution de propriété
touche aux droits des fondateurs, en tant que directeurs et
gérants des œuvres qu'ils ont entreprises.

Mais, dira-t-on, n'y a-t-il pas des sociétés qui, poursuivant un but d'intérêt public et reconnues officiellement comme telles, acquièrent par ce fait la personnalité civile, deviennent des personnes morales et sont alors considérées comme propriétaires des biens qu'elles détiennent ? C'est exact, mais cela montre toute l'imperfection de notre législation en cette matière. La reconnaissance d'utilité publique ne devrait jamais avoir pour bénéficiaires les sociétés elles-mêmes, c'est-à-dire des individus associés, elle ne devrait profiter qu'aux œuvres qu'elles fondent, œuvres qui, aussi bien, peuvent être fondées par des individus isolés. Or, il n'est pas plus juste de soutenir de sociétés, c'est-à-dire de personnes associées, que de personnes isolées, qu'elles sont d'utilité publique ; ce qui peut revêtir le caractère d'utilité publique, c'est le but que les unes et les autres se proposent d'atteindre, les institutions qu'elles entendent fonder, et ce sont les institutions seules qui devraient faire l'objet des reconnaissances d'utilité publique, et qui sont susceptibles de devenir des personnes morales.

La question de la propriété des biens dont disposent les sociétés soulève, on le voit, une autre question, celle des personnes morales, si mal élucidée dans notre législation, et qu'il eut été nécessaire de préciser à l'occasion de la loi sur la liberté d'association.

La loi de 1901 a bien donné des solutions, mais elle l'a fait d'une manière toute empirique, sans s'appuyer sur aucune règle, ainsi que nous le verrons bientôt.

Essayons de jeter quelque clarté sur ce sujet.

III

Des personnes morales et de la personnalité juridique

Pour se rendre un compte exact de ce que c'est qu'une personne morale, voici ce que, à notre avis, il convient de considérer.

Lorsque des individus, isolés ou groupés en société, prennent l'initiative de fonder des institutions qui, par leur objet, s'adressent au public, et sont imaginées dans l'intérêt du public, c'est-à-dire dans un intérêt général, cette initiative met immédiatement en cause le public lui-même et, par suite, à un degré aussi faible qu'on le voudra pour ne gêner aucune entreprise de ce genre, mais, à un certain degré, l'intervention du représentant du public, de la puissance publique, en un mot, de l'Etat.

Tel doit être le principe dérivant de la nature même des choses, de la nature des deux parties en présence, savoir le ou les individus qui veulent fonder une œuvre et le public qui est appelé à en bénéficier ou à en souffrir, à en recueillir les avantages ou les inconvénients.

Et ceci veut dire qu'il n'est pas admissible qu'aucune œuvre d'intérêt public se fonde et vive sans que le représentant du public, l'Etat, en soit averti pour veiller à ce que, sous le couvert d'un caractère d'utilité générale, il ne puisse se créer des entreprises d'exploitation du public aux dénominations plus ou moins alléchantes, mais trompeuses, au profit de ceux qui en ont pris l'initiative.

Pour préciser, nous dirons que, lorsque des individus isolés ou associés fondent des œuvres d'utilité générale, il naît immédiatement une cause de légitime intervention en faveur de l'Etat, représentant du public, dans la constitution et l'administration de ces œuvres.

Quelle est la limite de cette intervention ? La règle est facile à poser, elle se trouve dans les limites mêmes de la liberté individuelle ; elle est celle-ci : « Nulle initiative en vue de fonder des institutions d'utilité générale, ne doit être entravée, tant que, agissant sous sa responsabilité, elle ne fait rien, et ne propose rien de contraire aux lois, aux bonnes mœurs ou à l'ordre public. »

Par conséquent, le rôle de l'Etat doit se borner à exiger, et c'est son devoir d'exiger, que tout projet d'œuvre d'intérêt général soit porté à sa connaissance par une déclaration après laquelle, passé un délai, la réalisation du projet peut être poursuivie : et, à moins que, pendant ce délai, opposition ne soit faite pour atteinte aux lois, aux bonnes mœurs ou à l'ordre public, sous réserve d'appel devant une juridiction convenue.

Les œuvres d'utilité générale de quelque nature qu'elles soient, institutions littéraires, artistiques ou scientifiques, écoles, hospices, ouvroirs, orphelinats, églises, etc. etc., une fois nées dans les conditions que nous venons d'indiquer, prennent aussitôt la qualité de personnes morales, acquièrent une personnalité distincte de celle des individus isolés ou associés qui ont entrepris de les créer.

Par là, nous voyons comment naissent des personnes morales et, aussi, on conçoit que ces personnes puissent, sous des conditions déterminées, acquérir des biens, se constituer un patrimoine, ou plus exactement qu'on puisse les doter de biens spécialement affectés à leur objet, leur constituer un patrimoine dont les ressources seront employées au but qu'elles se proposent.

Mais il saute aux yeux également que les personnes morales ainsi crées, ne peuvent exercer des droits que sous des conditions à fixer, qu'en un mot il devrait y avoir une législation des personnes morales qui règle leurs droits et obligations, les conditions de leur administration, de leur direction, les modes d'acquisition et d'emploi des biens, leur liquidation en cas de disparition pour des causes quelconques, en définitive qui fixe le statut personnel de ces êtres de raison, derrière lesquels se trouvent les êtres très réels qui composent le public, auquel les œuvres sont destinées et profitent, et dont le représentant naturel est l'Etat.

Or, cette législation fait complètement défaut. On trouve bien des dispositions éparses visant des cas particuliers, comme les fabriques des églises, les bureaux de bienfaisance, etc., mais de loi générale sur les personnes morales, il n'en existe pas.

C'est là une lacune à combler avant d'entreprendre tout autre œuvre législative où serait intéressé le droit d'association, notamment avant la séparation des églises et de l'Etat, si l'on veut épargner au pays les grosses difficultés qui résulteraient inévitablement d'un régime nouveau fondé sur des données empiriques, comme celles qui servent actuellement de guides au monde politique.

Serrons de plus près les précédentes conclusions. Nous venons de voir comment naissent les personnes morales ; une question se pose immédiatement : ne peut-il naître des personnes morales par un autre procédé ? A notre avis, nous ne le pensons pas. De deux choses l'une, en effet, où l'on se trouve en présence d'individus isolés ou associés qui poursuivent un but d'intérêt privé, et, dans ce cas, il ne saurait être question de personnes en dehors des individus eux-mêmes, susceptibles pour leur commodité d'user des facilités que confère la personnalité juridique, ou bien on se trouve en présence d'institutions fondées dans un but d'intérêt général par des individus isolés ou associés, et alors apparaît très nettement la séparation entre les intérêts de ces institutions, qui constituent des personnes morales, et les intérêts particuliers des individus.

Nous arrivons ainsi à mettre en relief un principe fondamental, généralement ignoré, qui cependant devrait prévaloir dans toute cette matière de la liberté d'association, c'est le suivant :

Seules les œuvres d'utilité générale peuvent constituer des personnes morales, jamais des individus isolés ou associés ne

*sauraient constituer des personnes morales, avec les droits
attachés à cette qualité, notamment le droit le plus impor-
tant, celui d'acquérir à titre onéreux ou gratuit, en un mot
le droit de posséder.*

Tout ce que peuvent prétendre des individus associés, c'est
d'obtenir la personnalité juridique, propre à leur permettre
d'agir dans tous les actes intéressant leur société, sous un
seul nom, comme s'ils n'étaient qu'un seul et unique individu,
mais on ne saurait leur reconnaître le droit d'acquérir à titre
gratuit et de s'enrichir par des libéralités sous le masque d'un
nom collectif.

Cette idée essentielle peut être des plus fécondes. Appliquée
aux congrégations, elle met en évidence le vice de leur constitution, en montrant que c'est à l'abri de la confusion sécu-
laire entre la personnalité juridique et la personnalité civile
ou morale que quantité de religieux et religieuses ont réussi
à se faire donner des biens, à réaliser de véritables fortunes,
en se dissimulant derrière la dénomination de leur congrégation, présentée comme un être distinct des personnes physiques qui la composent.

On aperçoit également qu'en ce qui concerne la séparation
des Eglises et de l'Etat, il n'y a pas lieu de s'occuper, sauf
pour des mesures de transition, des membres des divers clergés, des ministres des cultes ; que les seules réalités dont il
faille tenir compte sont les institutions cultuelles, les diverses
confessions religieuses, les religions, en un mot, grandes ou
petites, à clientèle nombreuse ou restreinte, constituant des
personnes morales avec leurs biens tels que leurs temples et
autres établissements immobiliers et les capitaux mobiliers
dont elles ont été dotées par la générosité des fidèles.

La propriété des biens de ces personnes morales, immeubles ou valeurs, appartient aux institutions tant que le public
au profit de qui elles ont été créées continue à en user et à
justifier, comme à soutenir par cet usage même, le caractère
d'utilité générale qu'elles offrent. Et cette propriété est appe-
lée à tomber dans le domaine public le jour où les institutions
n'ont plus une clientèle suffisante ; alors les biens doivent
équitablement faire retour aux personnes qui les ont donnés,

si elles sont encore existantes, elles ou leurs ayants-droit, et susceptibles d'en poursuivre la répétition, ou à l'Etat comme biens sans maîtres.

Après avoir essayé de fixer les principes qui doivent régler la condition des biens dont disposent les sociétés et la nature des personnes morales, nous allons examiner les prescriptions de la loi de 1901 sur ces deux points.

IV

Analyse et critique
de la loi dn 1ᵉʳ Juillet 1901 sur le Contrat d'association

Pour juger exactement les dispositions de la loi relatives au régime des biens des sociétés, il convient de rappeler que, par le mot association, elle désigne seulement les sociétés qui ont un but autre que de partager des bénéfices, c'est-à-dire, ainsi que nous l'avons montré en cherchant plus de précision, les sociétés dont le but est désintéressé, ou mieux encore, qui ont pour objet des œuvres d'intérêt public, par opposition à celles qui poursuivent un but d'intérêt privé.

L'article 5 dispose : « Toute association qui voudra obtenir la capacité juridique prévue par l'article 6 devra être rendue publique par les soins de ses fondateurs. »

Et l'article 6 : « Toute association régulièrement déclarée peut, sans aucune autorisation spéciale, ester en justice, acquérir à titre onéreux, posséder et administrer, en dehors des subventions de l'Etat, des départements et des communes :

« 1° Les cotisations de ses membres ou les sommes au moyen desquelles ces cotisations ont été rédimées, ces sommes ne pouvant être supérieures à cinq cents francs (500 fr.) ;

« 2° Le local destiné à l'administration de l'association et à la réunion de ses membres ;

« 3° Les immeubles strictement nécessaires à l'accomplissement du but qu'elle se propose. »

La lecture de ces articles soulève immédiatement une question : la loi a-t-elle voulu accorder la personnalité juridique ou la personnalité morale aux sociétés ?

Si l'on s'en tient aux termes employés, c'est la personnalité juridique ; mais si l'on regarde à l'énumération des biens admis à devenir la propriété des sociétés, on est fondé à croire qu'il s'agit de la personnalité morale ou civile. En réalité, le rédacteur de la loi a visé à la fois la personnalité juridique et la personnalité civile, ce qui s'explique par la confusion qu'il faisait entre les sociétés et leurs entreprises, les premières étant susceptibles d'acquérir la personnalité juridique et les secondes, à l'exclusion des premières, pouvant seules revêtir le caractère de personnes morales.

La loi institue, ici, ce qu'on a appelé la petite personnalité civile. Il n'y aurait guère de critique à lui adresser à ce sujet, si elle attribuait cette personnalité non pas aux sociétés, incapables de constituer des personnes morales, mais aux œuvres qu'elles ont pour objet.

Mais, donnant la personnalité civile aux sociétés elles-mêmes, elle a ouvert la porte à des abus dangereux, car elle a fourni le moyen légal de reconstituer des congrégations, c'est-à-dire des sociétés de personnes qui, sous le couvert d'une dénomination bien choisie, peuvent attirer à elles le bien d'autrui et constituer des fortunes sans cesse grandissantes.

Il est vrai que l'abus ne saurait être poussé bien loin, car la loi limite très étroitement la faculté d'acquérir par une énumération singulièrement rigoureuse, même vexatoire et sujette à des discussions nombreuses, surtout en ce qui concerne le troisième ainsi conçu : « Les immeubles strictement nécessaires à l'accomplissement du but que l'association se propose. » Une société qui étend le champ de ses opérations ou de son action, prétendra toujours, et, semble-t-il, avec raison, que les immeubles dont elle augmente son patrimoine sont strictement nécessaires à l'accomplissement du but qu'elle se propose, et alors qui décidera ?

Ces dispositions restrictives à l'exercice du droit d'association dénotent chez le législateur une préoccupation très vive de voir certaines sociétés prendre trop d'extension ; il est évident qu'elles sont contraires à la liberté d'association.

Cependant, le problème était simple : ou bien, en effet, les sociétés sont des personnes morales, ou bien elles n'en sont pas. Si elles sont des personnes moralés (et nous nions qu'elles puissent en être), pourquoi les limites imposées à leur capacité par l'article 6 ? La liberté individuelle exercée par personnes isolées ou par personnes associées ne comporte pas d'autres limites que le respect des lois, des bonnes mœurs et de l'ordre public. Si elles ne sont pas des personnes morales, pourquoi les autoriser à posséder et à acquérir collectivement des biens, même à titre gratuit ?

La raison de ces anomalies provient sans aucun doute de l'absence de distinction entre les personnes réelles et les personnes morales qui a entraîné le législateur, désireux de donner aux sociétés quelques commodités, à leur en accorder quelques-unes, mais en les limitant dans la crainte qu'elles n'en prennent trop. N'ayant pas de règle précise pour décider ce qui doit être accordé ou refusé, il est tombé nécessairement dans des limitations arbitraires.

En ne distinguant pas entre les sociétés et leurs œuvres, en attribuant la personnalité civile en bloc aux unes et aux autres, sous le nom mal défini d'associations, la loi a inauguré un régime détestable, car, décidée à ne pas accorder aux associations religieuses les mêmes avantages qu'aux autres associations, elle s'est trouvée entraînée à édicter pour les premières une législation spéciale ; elle a rendu impossible une réglementation générale du droit d'association.

C'est là le vice fondamental de la loi de 1901, sur lequel nous reviendrons en examinant le titre III, consacré aux congrétions.

Au titre II, nous trouvons l'article 10 ainsi conçu : « Les associations (lisons sociétés) peuvent être reconnues d'utilité publique par décrets rendus en la forme des règlements d'administration publique. »

Et l'article 11 : « Ces associations (lisons toujours sociétés) peuvent faire tous les actes de la vie civile qui ne sont pas interdits par leurs statuts, mais elles ne peuvent posséder ou acquérir d'autres immeubles que ceux nécessaires au but qu'elles se proposent. Toutes les valeurs mobilières d'une association doivent être placées en titres nominatifs.

« Elles peuvent recevoir des dons et des legs dans les conditions prévues par l'article 910 du Code civil et l'article 54 de la loi du 4 février 1901. »

Par ces articles, la loi de 1901 s'est engagée à fond dans l'erreur essentielle que nous avons signalée de considérer les sociétés comme susceptibles d'être élevées, par une déclaration d'utilité publique, à la qualité de personnes morales ; ils instituent, en leur faveur, la grande personnalité civile.

Rappelons-nous, en effet, que toutes les sociétés sont formées de personnes réelles, quel que soit le but qu'elles poursuivent, intéressé ou désintéressé ; que, dans le cas seulement où le but est désintéressé et revêt un caractère d'utilité générale, il peut y avoir création d'une personne morale, constituée non pas par la société, mais par l'œuvre que ses membres ont voulu fonder.

Pour mieux marquer la distinction, faisons observer qu'on trouverait absurde la prétention d'un homme qui, ayant fondé de ses deniers un hôpital, une université, une maison de retraite ou tout autre établissement d'utilité générale, réclamerait la personnalité civile pour lui-même et non pas pour l'établissement. Eh bien ! il n'est pas plus raisonnable d'admettre qu'une société, composée d'hommes associés, ait l'ambition d'obtenir la personnalité civile ; c'est cependant ce qui est reçu et pratiqué journellement par notre législation au prix des plus grandes confusions.

Il est des plus regrettables que la loi de 1901 n'ait pas su poser en termes formels cette règle, dont on pouvait cependant puiser l'idée dans la loi de 1825 sur les congrégations de femmes, loi d'après laquelle les libéralités faites à ces congrégations ne sont pas réputées faites aux congrégations elles-mêmes, mais aux établissements qu'elles dirigent, tels que hospices, orphelinats, ouvroirs, etc.

Certes, le législateur de 1901 s'est complètement égaré sur ce point, mais son erreur est excusable, car elle est celle de l'opinion courante qui a dominé en cette matière depuis des siècles et à laquelle il ne paraît avoir été fait qu'une seule exception, celle de la loi de 1825.

Cette loi contenait la véritable règle indiquée précédemment, que la loi nouvelle aurait dû proclamer en la généralisant : *Nulles personnes isolées ou groupées en société ne sauraient être élevées à la qualité de personnes morales ; seules, les institutions ayant un caractère d'utilité publique et fondées par des individus isolés ou associés sont susceptibles de devenir des personnes morales.*

Pour tout dire, il est permis d'affirmer que la question des personnes morales, capables de vivre perpétuellement, d'acquérir et de recevoir indéfiniment des biens à titre onéreux ou gratuit, constamment mêlée à celle du droit d'association, est et aurait toujours dû rester complètement étrangère à l'exercice de ce droit. L'erreur traditionnelle ayant été une fois de plus consacrée par la loi nouvelle, on comprend qu'on ait été amené à instituer un régime spécial à l'égard des congrégations religieuses, car il était impossible d'admettre pour elles les faveurs exceptionnelles accordées aux autres sociétés ; et, pour être logique jusqu'au bout, on a emprunté à la pratique des gouvernements passés les règles à leur appliquer.

Waldeck-Rousseau, juriste, avait cru pouvoir tirer des règles déjà consacrées par la législation en matière de contrat, les règles relatives au droit d'association ; homme politique, respectueux des traditions, il jugea nécessaire de copier les procédés des gouvernements antérieurs en ce qui regarde les congrégations.

Si la première méthode se justifiait en partie, puisqu'il faut mettre tout droit nouveau en harmonie avec le droit ancien et réciproquement, on ne saurait nier qu'elle était insuffisante sous certains rapports, nous l'avons abondamment démontré, pour fonder le droit en une matière presque entièrement nouvelle ; par contre, la seconde méthode appliquée au régime des congrégations était certainement mauvaise, car un gouvernement républicain se devait à lui-même de trouver à l'égard des congrégations, ou plus exactement, à l'égard des communautés religieuses, une autre solution que l'arbitraire et le bon plaisir, solution de tous les gouvernements autoritaires, sans excepter ceux de la période révolutionnaire.

Nous allons désormais examiner le cas spécial des congrégations religieuses, qui fait l'objet du titre III de la loi du 1ᵉʳ juillet 1901.

Titre III : Des congrégations.

Ce qui frappe tout d'abord en lisant le titre III consacré aux congrégations religieuses, c'est que la loi est muette sur ce qu'il faut entendre par congrégation. Elle se contente de débuter ainsi (article 13) :

« Nulle congrégation religieuse ne peut se former sans une autorisation donnée par une loi qui déterminera les conditions de son fonctionnement. »

La loi refuse donc à des sociétés dont elle néglige de préciser juridiquement les caractères, la faculté de se constituer sans son autorisation. Il est difficile d'imaginer disposition plus arbitraire, car il suffira qu'un gouvernement qualifie congrégation une société quelconque pour mettre son existence en péril ou sa naissance en discussion ; et cette société n'aurait aucun moyen de se défendre, ne pouvant prouver qu'elle n'est pas une congrégation, faute par la loi d'indiquer en quoi consiste une telle institution.

Il faut croire que la tâche était fort ardue de fournir une définition susceptible d'être incorporée à notre législation, car, deux ans après la loi de 1901, lorsqu'il s'agit de retirer aux congrégations religieuses le droit d'enseigner, la loi ne fut pas encore plus explicite, et le rapporteur, M. Buisson, sentant probablement la difficulté, l'esquiva adroitement de la façon suivante : « Sans chercher, dit-il, une définition canonique ou juridique de l'institut monacal, nous n'avons qu'à relever ceux de ses caractères sur lesquels tout le monde est d'accord... » Mais non ; il était, au contraire, absolument indispensable de chercher une définition de l'institut monacal et de la donner, pour pouvoir légalement enlever à ses membres des droits qui appartiennent à tous les citoyens.

On s'est donc borné, suivant le langage de M. Buisson, à noter quelques-uns des caractères sur lesquels tout le monde, semblait-il, était d'accord.

Dans son discours du 21 janvier 1901, Waldeck-Rousseau disait : « Je ne pense pas qu'on conteste qu'aucune congrégation digne de ce nom, rentrant dans les cadres prévus des congrégations, ne se forme sans un triple vœu : le vœu d'obéissance, le vœu de pauvreté et le vœu de chasteté. » Et M. Buisson rééditait cette formule dans son rapport du 11 février 1904: « Quelques différences qu'elles puissent présenter, écrivait-il, toutes les congrégations, sans exception, sont des sociétés fondées sur un triple engagement. Ce sont les trois vœux de pauvreté, de chasteté et d'obéissance. »

Cette définition devenue classique, grâce à l'autorité de son auteur et au commentaire dont il l'accompagnait, est essentiellement défectueuse, car ce que caractérisent les trois vœux, ce n'est pas la congrégation, c'est le religieux, homme ou femme, qui, séduit par un idéal particulier, entend s'imposer trois règles contraires à nos instincts les plus pressants, le détachement des richesses, la contrainte de la chair et l'humilité. Il est facile, en effet, de remarquer que les trois vœux ne suffisent pas à faire un congréganiste, qu'on peut très bien les rencontrer chez des hommes qui n'ont pas ce caractère, tels que les membres des clergés séculiers, et même chez des hommes qui, n'appartenant ni à une communauté, ni à un clergé, cherchent, sans se séparer de leurs semblables, à les observer.

Quoi qu'il en soit, le législateur de 1901, comme celui de 1904, satisfait de cette définition, aurait dû l'introduire dans la loi; mais, en sentait-il la faiblesse? il n'a pas eu le courage d'aller jusque-là, et, se contentant de cette apparence de définition, il a passé outre et prononcé l'interdiction qui était dans son dessein.

Pour notre part, n'étant pas tenus à la même réserve, si nous voulons juger la portée de la loi de 1901, il nous faut faire état de cette définition, semée dans les travaux parlementaires, et lire l'article 13 de la manière suivante :

« Nulle association ayant pour base l'observation des trois

vœux de pauvreté, de chasteté et d'obéissance, ne peut se former sans une autorisation donnée par une loi qui déterminera les conditions de son fonctionnement. »

Il apparaît dès lors clairement que, par suite d'une définition insuffisante de la congrégation, l'interdiction prononcée contre les sociétés de ce genre, par la loi de 1901, retombe en réalité sur les religieux et non pas sur les congrégations elles-mêmes. Or c'est ce qui la rend odieuse à beaucoup d'esprits qui, pour n'être pas suspects de cléricalisme, sont néanmoins blessés de voir toute une catégorie de citoyens inquiétés à l'occasion de règles de vie qui ne relèvent que de la conscience. Ils y trouvent, avec raison, une atteinte très grave à la liberté individuelle et, par conséquent, une violation flagrante de notre droit public.

Que valent, en effet, au point de vue légal ces engagements de conscience ? Absolument rien. Ce qui signifie non pas que la loi doit intervenir pour les annuler, mais qu'ils peuvent être pris par quiconque, sans que la puissance publique ait à se mêler de les faire observer ; qu'ils peuvent être violés impunément; que celui qui y a souscrit n'est tenu que vis-à-vis de lui-même et demeure, malgré tout, libre de s'enrichir, de se marier et d'agir à sa guise, sans que personne ait le pouvoir de l'en empêcher.

Aussi est-on en droit de se demander pourquoi, néanmoins, le législateur de 1901 s'est cru autorisé à créer un régime spécial pour des gens, ou mieux, contre des gens qui ne se distinguent des autres que par des engagements exclusivement moraux ? pourquoi il leur a retiré le bénéfice de la loi commune en matière d'association ?

C'est, d'après Waldeck-Rousseau, parce que les engagements qui lient les religieux sont contraires à l'ordre public. Il convient de citer tout le passage du discours où l'ancien président du Conseil s'est efforcé de faire cette démonstration.

« Je voudrais montrer, disait-il, le 21 janvier 1901, — et c'est là l'un des points vifs du débat — que c'est encore la plus simple application des principes que je viens de rappeler qui fournit la solution, par l'application du droit commun, de la question des congrégations.

« Nous avons dit — article 2 — qu'aucune convention ne peut se former si elle est contraire à l'ordre public, contraire aux lois. N'allons pas plus loin, cela suffit.

« L'ordre public exige d'abord et essentiellement qu'aucune convention particulière ne porte atteinte à la libre circulation des biens. Le Code civil contient, quant aux personnes, des dispositions qui ne sont ni moins étroites, ni moins décisives. J'ai rappelé tout à l'heure l'article 1780 qui prohibe les engagements perpétuels ; je rappelle l'article 1128, disant qu'il n'y a que les choses qui sont dans le commerce qui puissent faire l'objet d'une convention. Les droits attachés à la personne sont-ils dans le commerce ? Nul ne l'a soutenu, nul ne le soutiendra.

« Et quels sont ces droits attachés à la personne et qui ne peuvent pas être aliénés ? C'est le droit d'acquérir, c'est le droit de posséder. On peut s'engager à ne pas acquérir tel ou tel objet, meuble ou immeuble ; on ne peut pas s'engager à ne pas acquérir d'une façon générale, et à ne pas posséder. C'est le droit de faire le commerce, inaliénable aussi : on peut renoncer à faire tel commerce dans telle ville ou telle région ; on ne peut renoncer d'une façon générale à faire le commerce. C'est enfin le droit de se marier, — et, ici, l'interdiction pourrait être considérée comme plus absolue, car je ne sais même pas s'il est permis de prendre l'engagement de ne pas épouser une personne déterminée, — mais, quant à l'engagement de ne pas contracter de mariage, il n'en est pas de plus nul au point de vue de l'ordre public.

« Or, si cela est, Messieurs, la congrégation suppose-t-elle, oui ou non, toutes ces nullités, alors qu'une d'elles suffirait ? Voici ce que je disais — on m'a cité souvent, on me permettra de me citer une fois — dans l'exposé des motifs du projet de 1882 :

« Notre droit public proscrit tout ce qui constituerait une
« abdication des droits de l'individu, une renonciation à l'exer-
« cice des facultés naturelles à tous les citoyens : droit de se
« marier, d'acheter, de vendre, de faire le commerce, d'exercer

« une profession quelconque, de posséder ; en un mot, tout ce
« qui ressemblerait à une servitude personnelle. De là, vient
« que tout engagement personnel doit être temporaire, et que,
« même pour un temps, il ne peut être absolu, porter sur l'en-
« semble des facultés ou des droits de la personne. Autrement,
« loin de tourner au profit de chacun de ses membres, il le
« diminue ou l'anéantit.

« Or, tel est le vice de la congrégation.

« Elle n'est pas une association formée pour développer l'individu : elle le supprime ; il n'en profite pas : il s'y absorbe. »

« Et, plus tard, lorsque, devant le Sénat, j'ai eu la tâche
très lourde de répondre à un autre grand orateur, qui était
l'honorable M. Jules Simon, voici en quels termes je dévelop-
pais la même thèse :

« Je ne pense pas qu'on conteste qu'aucune congrégation
« digne de ce nom, rentrant dans les cadres prévus des con-
« grégations, ne se forme sans un triple vœu : le vœu d'obéis-
« sance, le vœu de pauvreté et le vœu de chasteté.

« Par l'un de ces vœux, on se détache absolument de ces in-
« térêts considérés comme vulgaires, qui consistent à être
« propriétaire, en d'autres termes à travailler à la prospérité
« de son pays.

« Par un autre de ces vœux, on se débarrasse de ce que les
« théologiens ont appelé un second souci. Ce souci, c'est
« d'avoir une famille, d'appartenir à cette famille et surtout
« de vivre pour elle.

« Par le vœu d'obéissance, on fait cette chose qui peut vous
« sembler toute naturelle; qui, à moi, me paraît précisément la
« négation de la personnalité humaine, on fait, dis-je, non
« plus, suivant l'expression de jurisconsultes, mais suivant
« l'expression d'hommes qui donnent cet enseignement, « do-
« nation de soi-même à Dieu dans la personne d'un homme. »

« Or, quand de la personnalité humaine vous avez retranché
« ce qui fait qu'on possède, ce qui fait qu'on raisonne, ce qui
« fait qu'on se survit, je demande ce qui reste de cette per-
« sonnalité ? »

« Voici comment se justifie l'application aux congrégations
religieuses, des dispositions du droit commun. »

Telle était l'argumentation de Waldeck-Rousseau, que nous avons tenu à reproduire intégralement pour en mieux faire saisir la faiblesse. Elle repose en entier sur une erreur singulièrement surprenante de la part d'un homme aussi versé dans les matières juridiques, erreur consistant à imaginer que le souci de l'ordre public autorise l'intervention de l'Etat à l'occasion d'engagements de conscience pris par quelques citoyens, engagements que personne ne demande à la loi de faire exécuter, que la loi même doit ignorer et dont elle serait d'ailleurs impuissante à combattre les effets. Car la seule sanction à la nullité de ces engagements, si la loi devait les rechercher, serait de condamner les délinquants à faire du commerce pour s'enrichir, à se marier et à agir contre l'avis de leurs supérieurs. Il est bien certain qu'il y a là une impossibilité ; ce n'est ni un crime, ni un délit, de vouloir rester pauvre, de vouloir rester célibataire, de vouloir suivre les ordres d'hommes dont on a librement accepté la direction. De telles volontés peuvent être considérées comme préjudiciables à la prospérité d'une nation, c'est pourquoi la puissance publique ne doit pas être mise à leur service, mais c'est tout ce qu'exige l'ordre public, du moment que ceux qui les professent n'élèvent pas la prétention de réclamer l'intervention de la justice pour les sanctionner et, encore moins, pour obliger ceux qui ne les professent pas à les adopter.

Charles Floquet, cité par M. Renault-Morlière dans la séance du 15 janvier 1901, avait déjà répondu à cette thèse, lorsqu'il disait :

« D'où provient donc le danger des congrégations ? Réside-t-il dans les vœux perpétuels que les congréganistes prononcent ? Mais si nos lois ne reconnaissent pas ces vœux et leur refusent toute sanction, elles ne les prohibent pas non plus. Considérés uniquement comme des résolutions individuelles, ne pouvant s'exécuter que par la volonté plus ou moins ferme, plus ou moins soutenue, de ceux qui les prennent, il n'y a absolument rien d'illicite. Il est permis à tout le monde de ne pas se marier, ou de rester pauvre, ou d'accepter la direction de son semblable. A cet égard, la loi, sans pénétrer dans le for intérieur, se contente d'assurer la liberté de chacun. »

Si vraiment c'était parce que les congrégations sont fondées sur la base de trois vœux contraires à l'ordre public
qu'on devait les soumettre à un régime spécial, nous ne
voyons pas comment on pourrait justifier ce régime spécial
consistant à les astreindre pour naître à l'autorisation du gouvernement. Il n'y a pas, en effet, de gouvernement qui ait le
droit d'autoriser un individu isolé ou plusieurs individus associés à se lier par des engagements contraires à l'ordre public. C'est cependant cette conclusion extraordinaire qu'a présentée et fait prévaloir Waldeck-Rousseau avec un art oratoire incomparable, capable d'envelopper et de dissimuler une
dialectique brisée, qui fut la caractéristique de toute cette partie de son argumentation.

La conséquence naturelle, logique, de la thèse de Waldeck-
Rousseau était la suppression complète, radicale, de toutes
les congrégations ; or, tout au contraire, il admet la formation facultative, sous la protection de la loi, de ces sociétés
qu'il vient de dénoncer si péremptoirement comme contraires
à l'ordre public.

L'article 1ᵉʳ du titre III qui permet aux congrégations de se
constituer avec l'autorisation de la loi est la condamnation
directe de toute l'argumentation de Waldeck-Rousseau par
Waldeck-Rousseau lui-même.

En réalité, la véritable thèse est celle-ci : les engagements
consistant dans les trois vœux peuvent être tenus pour préjudiciables à la prospérité et à la grandeur d'une nation, parce
que, si la pratique de ces trois vœux se propageait, la nation
elle-même disparaîtrait ; les trois vœux apparaissent ainsi à
de très bons esprits, comme une loi de suicide au point de vue
social. La législation ne saurait, en conséquence, reconnaître
ces trois vœux, c'est-à-dire employer son autorité et la force
publique dont elle dispose, à les faire observer. Mais le rôle
de la législation ne va pas au-delà, il est purement négatif,
d'abstention ; on ne peut forcer personne à s'enrichir, à se
marier, à ne se soumettre à aucune direction morale. Cette
manière de voir, cependant, n'est qu'une opinion ; beaucoup
de gens pensent différemment et estiment que, s'il y a un danger social à ce que tout le monde se fasse religieux, un tel

danger n'est pas à redouter, et que, par contre, il peut être utile, même bienfaisant pour la grande masse de la société, qui est loin d'être parfaite, de laisser se produire quelques exemples de vie exceptionnelle, capables de relever l'idéal d'un peuple.

Nous sommes là en présence de deux opinions dignes de rivaliser entre elles, mais que ni la loi laïque, ni la puissance publique, n'ont la mission de départager.

Les congrégations religieuses ne nous paraissent donc, sous ce rapport, exiger aucune mesure particulière. Il ne saurait être interdit à des individus qui se rencontrent dans des sentiments religieux analogues de s'associer pour les mettre en pratique et de vivre en commun, en un mot de s'organiser en communautés, quels que soient les engagements de conscience, mais non légaux, qu'ils prennent entre eux. Un titre spécial n'était pas nécessaire pour les congrégations.

Et cependant il semblait bien que, si l'on s'abstenait de supprimer toutes les congrégations, on ne pouvait les laisser se former librement sans aucun contrôle. Toute notre histoire répugnait à une pareille liberté, pleine de danger, car elle pouvait conduire à la mainmise des puissances religieuses sur la société civile. A défaut de véritables raisons capables d'autoriser un régime d'exception vis-à-vis des congrégations, le législateur de 1901 s'appuyait pour enrayer leur développement sur de mauvais arguments dont il eut la sagesse de ne pas poursuivre jusqu'au bout les conséquences, savoir la guerre à tout individu qui, isolément ou par groupements, aurait fait des trois vœux la règle de sa vie. Il s'est contenté d'accomplir, sous la forme d'une loi, un acte purement politique où rien d'essentiel n'était vraiment réglé et qui pouvait se résumer en ceci : « Nulle congrégation religieuse, quelle que soit la définition qu'on en donne, ne pourra se former sans l'autorisation du gouvernement. »

En somme, l'œuvre juridique restait à faire ; à l'heure actuelle, elle reste encore à édifier, car les successeurs du cabinet Waldeck-Rousseau se sont bornés à tirer de l'arme mise entre leurs mains tout le parti possible contre les congrégations.

On ne peut nier que les congrégations, sous la forme et dans les conditions où nous les avons vues se développer en France, ne constituent un danger social ; mais ce danger ne vient ni de la vie en communauté, ni de l'observance des trois vœux ; ce danger vient, ainsi que l'indiquait Charles Floquet, de la possibilité pour ces sortes de sociétés d'accumuler indéfiniment des biens et même d'attirer à elles la totalité des biens d'un pays, grâce au bénéfice de la personnalité civile qu'elles s'attribuent abusivement et que l'opinion publique, égarée sur ce point depuis des siècles, leur a laissé prendre.

Ce qui fait le danger des congrégations, c'est la prétention des personnes physiques, que sont les religieux et les religieuses, de constituer des groupements doués d'une personnalité distincte de la leur, en un mot des personnes morales.

Pour bien élucider ce point, il importe de revenir en arrière et de reprendre l'examen de la définition des congrégations religieuses. Au fond, la discussion de la loi de 1901 sur ce sujet a été fort confuse, et malgré l'apparente clarté qu'y a versée la langue limpide et lumineuse de Waldeck-Rousseau, l'analyse de la question a été très insuffisante.

Dans les sociétés religieuses appelées congrégations, il y a trois choses à distinguer, d'abord la congrégation proprement dite, ensuite la communauté, enfin les religieux. Ces trois choses sont généralement confondues dans l'idée que nous nous formons des congrégations, et il résulte de cette confusion des conséquences très regrettables, c'est qu'en cherchant très justement à frapper les congrégations, nous atteignons non seulement la forme congréganiste des sociétés religieuses, qui seule devrait être en cause, mais encore les communautés religieuses et les religieux eux-mêmes, que le respect de la liberté nous fait un devoir d'épargner. C'est ainsi que M. Combes, en visant les congrégations, a dépassé le but.

Nous avons déjà examiné la condition du religieux et indiqué ses caractères essentiels qui paraissent se résumer dans la règle des trois vœux. Il nous reste à définir la congrégation et à montrer brièvement que congrégation et communauté ne se confondent pas nécessairement.

Une congrégation, réduite à ses éléments essentiels, est une société de personnes liées entre elles par un contrat d'association dans un but quelconque, et qui prétendent ne pas se confondre avec la société dont elles font partie, laquelle jouirait ainsi, à tort ou à raison, d'une existence distincte, d'une personnalité propre, en un mot constituerait une personne morale.

Ce qui caractérise essentiellement la congrégation, c'est la personnalité morale, que ses membres lui attribuent et qui leur permet d'acquérir et de posséder des biens sous un nom d'emprunt.

Cette définition, remarquons-le, est générale ; elle s'applique aussi bien aux congrégations religieuses qu'aux sociétés laïques, fondées sur le même principe, et auxquelles on a quelquefois appliqué très justement la qualification de congrégations laïques.

Un titre spécial était-il nécessaire pour conjurer le danger évident des congrégations sous ce rapport ? Nullement, l'application des règles générales que nous avons posées au début et qu'aurait dû consacrer la loi nouvelle, suffisait à l'écarter, car la main-morte ne peut se former que sous le couvert de la personnalité morale ; or, nous avons vu qu'aucune société, ni laïque, ni religieuse, ne saurait prétendre légalement à la personnalité civile, que seules les fondations, les institutions, sont susceptibles de revêtir ce caractère. La loi, qui aurait consacré ce principe, aurait du même coup enlevé aux congrégations cet avantage injustifié. Ceci aurait entraîné, comme avec la loi de 1901, la liquidation des biens des congrégations, mais non celle des biens des œuvres d'intérêt public telles qu'orphelinats, hospices, églises, etc., dont la situation légale aurait été consolidée, en la séparant de l'existence propre des sociétés religieuses à organisation congréganiste.

Ces sociétés religieuses, désignées aujourd'hui sous le nom de congrégations, dépouillées désormais de la caractéristique congréganiste, la personnalité civile, auraient pu subsister sans inconvénient sous le régime général qu'aurait institué la loi nouvelle, permettant à toutes sociétés non contraires aux lois, aux bonnes mœurs ou à l'ordre public de se fonder, aussi bien sous la forme individualiste que sous la forme communautaire, en un mot de se constituer en communautés, toutes étant sujettes aux aléas, aux avantages, comme aux inconvénients, des groupements d'intérêts privés, moraux ou matériels, lesquels, sujets à s'unir et à se séparer, ne se maintiennent qu'au moyen d'engagements temporaires et ne peuvent persister que grâce à la volonté constante des intéressés. C'est ainsi que, dans cet ordre d'idées, la liberté de conscience et la liberté individuelle chez les personnes religieuses auraient été sauvegardées.

Que reste-t-il alors du titre III ? A quel propos édicter des règles exceptionnelles contre les congrégations ? Il reste l'article 14 qui interdit aux membres des congrégations non autorisées « le droit de diriger, directement ou par personne interposée, un établissement d'enseignement, de quelque ordre qu'il soit, ni d'y donner l'enseignement ». Depuis, l'interdiction a été étendue aux membres de toutes les congrégations autorisées ou non autorisées. Cette interdiction est-elle justifiée ?

C'est ici qu'il faut nous défier de la tendance que nous avons naturellement à mettre la puissance publique au service des opinions qui nous sont chères, pour ruiner celles que nous tenons pour fausses et que d'autres tiennent cependant pour vraies.

Il faut, en effet, nous bien persuader qu'une fois écartée la menace des biens de mainmorte, l'opinion d'après laquelle les congrégations ou, plus exactement désormais, les communautés religieuses, constituent un danger social à cause des trois vœux, n'est qu'une opinion, et que nombreux sont les gens qui professent un avis contraire ; que la loi n'a pas le droit d'intervenir en pareille matière ; que, dans cet ordre d'idées, le rôle exclusif de la loi consiste seulement à maintenir et garantir la liberté de chacun, qu'il n'appartient pas aux gouvernants d'imposer aux gouvernés des éducateurs de leur choix ; qu'une telle prétention se retournerait rapidement contre ceux qui l'auraient émise le jour où les gouvernés d'aujourd'hui seraient devenus les gouvernants de demain.

L'article 14 de la loi de 1901 qui enlève aux congrégations

non autorisées, le droit d'enseigner est donc doublement fautif, d'abord parce qu'il édicte arbitrairement une incapacité contre une catégorie de citoyens qui, s'ils se conforment aux lois générales du pays et remplissent les conditions requises de tout le monde pour pouvoir enseigner, ne devraient pas être inquiétés. Il était encore plus critiquable par un autre côté, à savoir que si l'on jugeait que les trois vœux suffisaient à justifier l'interdiction, il fallait la proclamer entière et complète à l'égard de toutes les congrégations, et non pas en excepter certaines d'entre elles ; il y avait là un manque de logique et une contradiction inacceptables, indéfendables dans l'œuvre de Waldeck-Rousseau.

La loi de 1904, supprimant d'une manière absolue l'enseignement congréganiste, a fait une œuvre plus logique mais non mieux justifiée, car, ainsi que nous venons de le dire, il n'appartient pas à la loi d'imposer des éducateurs au pays, ni de prononcer sous ce rapport des interdictions contre aucune catégorie de citoyens. L'Etat même s'honorerait d'ouvrir librement ses chaires d'enseignement à tous, quels que soient les costumes qu'ils portent et les vœux qui les lient individuellement et qui ne sauraient diminuer leurs droits de citoyens. Et ce serait un spectacle d'une moralité supérieure, parce qu'il montrerait à tous les yeux que la République est vraiment un gouvernement de liberté, si l'on trouvait parmi les membres de l'Université, à la tête de quelques enseignements, un certain nombre de prêtres et de religieux de divers ordres, ayant conquis leurs postes par les voies régulières des concours ou du choix allant au mérite.

Où la puissance publique a le droit et le devoir d'intervenir, c'est en prescrivant la publicité de l'organisation, non pas des congrégations qui, suivant ce que nous venons d'exposer, devraient être radicalement supprimées, mais de toutes les sociétés aussi bien religieuses que civiles, afin que leurs règles soient connues et qu'il ne puisse exister d'institutions clandestines, capables de devenir un danger soit pour l'Etat, soit pour les individus, pour les individus encore plus que pour l'Etat, car l'individu une fois entré dans certaines communautés, peut être exposé à perdre sa liberté par l'autorité de ceux qui les dirigent. Il y a toutefois, à cet égard, des dispositions légales contre la séquestration des personnes qu'on peut appliquer et renforcer si elles ne sont pas suffisantes.

Il faut surtout soumettre à une réglementation et à une inspection très sévères et très effectives les établissements d'éducation, quel que soit le caractère religieux ou laïque des directeurs et des maîtres, ceci dans un but de protection de l'enfance et pour empêcher autant que possible les abandons d'enfants que des familles peu scrupuleuses ou nécessiteuses font à certaines institutions, orphelinats, petits séminaires et noviciats notamment, pour s'en débarrasser, et qui ne peuvent les reprendre, si jamais elles en ont le désir, qu'en supportant de véritables pénalités financières, lesquelles donnent à ces abandons le caractère de traite de l'enfance. Il est intolérable que des hommes ayant les moyens d'élever la jeunesse prétendent au droit d'acheter des enfants pour en disposer à leur guise. Leur seul droit est de leur donner une éducation et une instruction conformes au vœu des parents, lesquels doivent toujours conserver la faculté de les rappeler auprès d'eux, soit complètement, soit à des intervalles raisonnables, afin qu'ils soient maintenus en relation avec leurs familles et avec le reste de la société.

Tous ceux qui veulent seulement faire le bien s'accommoderaient de ce régime, car pour faire le bien il n'est pas nécessaire de cacher sa vie, sa règle, ses actes, ni de retrancher des enfants du reste du monde, en les enfermant dans des établissements dont les portes ne s'ouvrent jamais sur la vie sociale extérieure.

Nous voici arrivés au terme de cette étude qui, nous l'espérons, aura mis à nu les défauts de la loi de 1901, et, chemin faisant, nous aura permis d'indiquer les moyens de fonder une véritable législation du droit d'association.

Nous souhaitons que ces quelques pages contribuent à jeter un peu de clarté sur toute cette matière où, jusqu'à présent, n'ont guère régné que des règles empiriques et le bon plaisir, des rigueurs excessives ou une tolérance aveugle et dangereuse.

Puissent-elles engager les hommes de bonne volonté qui composent le Parlement et qui semblent animés d'une égale émulation pour la justice et la liberté, puissent-elles les engager à rectifier et compléter les lois de 1901 et de 1904, et, avant toute chose, à édifier une loi générale sur les personnes morales. Cette loi est, en effet, l'œuvre préalable essentielle à accomplir, surtout à la veille de la séparation des Eglises et de l'Etat, qui pourra être éminemment salutaire et pacifiante ou, au contraire, devenir la source de troubles sociaux graves et durables, suivant les conditions dans lesquelles elle sera réalisée.

Cette loi serait assez facile à mener à bonne fin, car les dispositions principales à y introduire se trouvent déjà dans les règles auxquelles sont soumis les établissements reconnus d'utilité publique. Ce sont ces règles qu'il conviendrait de rendre applicables à toutes les entreprises d'intérêt général, lesquelles naîtraient désormais librement au gré des initiatives

individuelles, la mesure spéciale de la reconnaissance d'utilité publique étant abolie.

Cette loi aurait à indiquer comment naissent les personnes morales, comment elles doivent être déclarées à leur naissance, comment et par qui leurs affaires doivent être gérées, sous quel contrôle, comment elles peuvent acquérir des biens et quels emplois doivent en être faits ; comment elles peuvent cesser d'exister et, dans ce cas, comment liquider leur patrimoine ; en un mot, elle aurait à établir pour les personnes morales une législation analogue à celle qui existe pour les personnes réelles.

Lorsque ces points seraient fixés, les individus isolés ou associés (sociétés), pourraient créer à bon escient des personnes morales, œuvres, institutions, fondations, en engageant leur responsabilité en cas d'infraction à la loi sur la matière ; et l'on ne verrait plus mêlées, dans une confusion inextricable, les personnes proprement dites, et les institutions, confusion d'où sont nées toutes les difficultés de l'heure présente.

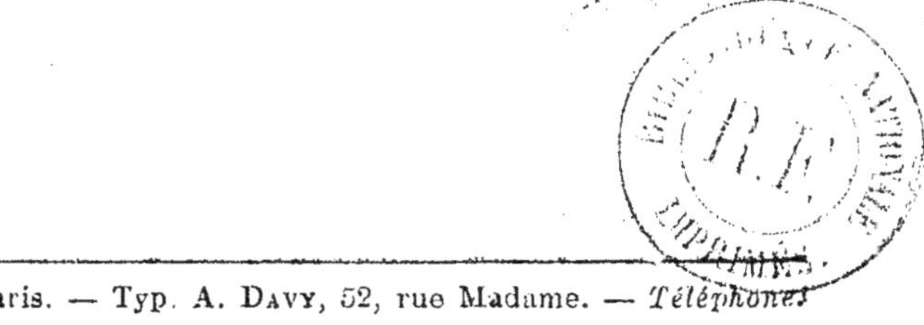

Paris. — Typ. A. Davy, 52, rue Madame. — Téléphone